日本語 Ⅱ

日本語 II

펴낸날 1판 1쇄 2014년 8월 25일
3쇄 2022년 8월 30일

지은이 이화여자대학교 일본어교재집필위원회

펴낸이 주소현
펴낸곳 이화여자대학교출판문화원
주소 서울특별시 서대문구 이화여대길 52(우 03760)
등록 1954년 7월 6일 제9-61호
전화 02) 3277-2965(편집), 362-6076(마케팅)
팩스 02) 312-4312
전자우편 press@ewha.ac.kr
홈페이지 www.ewhapress.com
일러스트 이지혜
책임편집 이정원
디자인 강다원
인쇄 한영문화사

ISBN 979-11-85909-01-1 14730
ISBN 979-11-951981-0-8 (세트)
값 16,000원

이 도서의 국립중앙도서관 출판시도서목록(CIP)은 서지정보유통지원시스템 홈페이지(http://seoji.nl.go.kr)와 국가자료공동목록시스템(http://www.nl.go.kr/kolisnet)에서 이용하실 수 있습니다. (CIP제어번호 : CIP2014023261)

본 교재의 듣기 자료는 MP3 파일로 되어 있으며, 이화여자대학교출판문화원 홈페이지(www.ewhapress.com) '자료실'에서 무료로 내려받을 수 있습니다.

日本語

Ⅱ

이화여자대학교 일본어교재집필위원회 지음

E PRESS

책을 펴내며

소통과 이해는 시공을 넘어 추구되는 가치이다. 오늘날 세계화, 탈경계화 시대를 살아가는 우리는 더더욱 내·외적인 소통과 이해의 문제에 직면하고 있다. 외국어 학습에 대한 수요도 이러한 시대적 흐름과 무관하지 않을 것이다. 외국어를 배우는 동기나 목표, 그리고 도달하는 수준은 제각기 다르겠지만, 외국어를 습득한다는 것은 근본적으로 해당 언어로 자신의 사고나 감정을 전할 수 있고 상대의 그것을 받아들일 수 있게 된다는 것을 뜻한다. 이를 위해 올바른 발음과 문법, 어휘를 이해·산출할 수 있는 능력이 요구되며 아울러 그 언어 고유의 언어문화를 제대로 알고 소화할 수 있는 능력이 겸비되어야 함은 말할 나위도 없다.

이 교재는 일본어의 기초를 다진다는 목적과 함께, 일본어 학습 과정 속에서 자연스럽게 일본언어문화에 접할 수 있도록 한다는 의도하에 집필되었다.『日本語Ⅰ』과『日本語Ⅱ』는 초급 수준의 일본어 학습자를 위한 대학 강의용 교재이다. 각각 1, 2학기 16주씩의 학습 기간을 상정하고 1년간의 초급 코스를 마칠 수 있도록 하였다. 각 과의 강독과 회화 부분의 상호연계성을 중시하여 일본어에 대한 지식 습득에 그치지 않고 이를 실제 상황에서 사용할 수 있는 능력을 키우고자 하였다. 이 교재를 활용한 수업을 통해 학생들이 일본어 학습에 대한 지속적인 관심을 가지고, 나아가 자기주도적 학습의 계기로 삼기를 바란다.

끝으로 이 교재가 출간되기까지 많은 분들의 수고와 도움이 있었다. 교재의 시험본을 실제 수업에서 사용하며 소중한 의견을 모아주신 이화여자대학교 일본어 담당 선생님들과 교재 개발을 지원하고 편집과 출판을 위해 세심하게 애써주신 이화여자대학교출판문화원, 적절한 일러스트로 교재를 한층 돋보이게 해주신 이지혜 씨에게도 깊은 고마움을 전한다.

2014년 8월

이화여자대학교 일본어교재집필위원회

차례

3 교재의 특징과 구성

『日本語Ⅱ』는 일본어 초급 학습자를 위한 강의용 교재로, 말하기 · 듣기 · 쓰기 · 읽기 능력의 균형적 학습을 통해 기초적인 일본어 운용 능력을 기르는 데 중점을 둔다. 전체 구성은 총 10개의 과로 이루어져 있으며 각 과는 예문, 문형 · 표현, 연습, 신출 단어, 활동, 회화로 구성된다.

예문(例文)

각 과에서 학습할 중요 예문을 제시한다.

문형 · 표현(文型・表現)

문형 및 다양한 표현을 통해 문법과 어휘를 익힌다.

연습(練習)

학습한 내용에 대해 다양한 어휘를 활용하여 쓰고 읽는 연습을 한다.

신출 단어(新出単語)

예문과 문형 · 표현에 나오는 새로운 단어를 학습한다.

활동(活動)

다양한 장면에서 상대에게 묻고 답하는 활동을 한다.

회화(会話)

응용 회화를 통해 자연스럽게 대화한다.

각 과의 학습 목표와 내용

과	학습 목표와 내용
9課 **私の趣味は旅行することです** 저의 취미는 여행하는 것입니다.	취미나 능력, 예정에 대해 묻거나 대답할 수 있다. 1. 동사사전형**こと** 2. 명사**ができます** 3. 동사사전형**ことができます** 4. 동사사전형**つもりです**
10課 **子どもが遊んでいます** 아이가 놀고 있습니다.	진행 · 연속적인 동작을 나타낼 수 있고, 행위를 요청할 수 있다. 1. 동사て형**います**① 2. 동사て형**ください** 3. 동사て형, ~ 4. 형용사의 부사용법
11課 **トイレに行ってもいいですか** 화장실에 가도 됩니까?	지속되는 상태를 나타낼 수 있고, 행위를 허가 · 금지할 수 있다. 1. 동사て형**います**② 2. 동사て형**もいいですか** 3. 동사て형**はいけません** 4. 동사て형**みます**
12課 **プレゼントをもらいました** 선물을 받았습니다.	물건 · 행위를 주고받는 것에 대해 묻거나 대답할 수 있다. 1. **あげます・くれます・もらいます** 2. 동사て형**あげます・くれます・もらいます**
13課 **ここにごみを捨てないでください** 여기에 쓰레기를 버리지 마세요.	행위의 금지를 요청할 수 있고, 의무나 불필요한 사항에 대해 말할 수 있다. 1. 동사ない형**でください** 2. 동사ない형**ければなりません** 3. 동사ない형**くてもいいです**
14課 **料理をしたことがあります** 요리를 한 적이 있습니다.	경험에 대해 묻거나 대답할 수 있고, 충고 · 조언을 할 수 있다. 1. 동사た형**ことがあります** 2. 동사た형**ほうがいいです** 3. 동사た형**り**동사た형**りします**
15課 **明日映画を見に行こうと思っています** 내일 영화를 보러 가려고 합니다.	자신의 생각이나 의향에 대해 말할 수 있다. 1. 보통체**と思います** 2. 명사 수식 3. 동사사전형 / 명사**の前に**・동사た형 / 명사**の後(で)** 4. 동사의지형**と思っています**
16課 **図書館でDVDが借りられます** 도서관에서 DVD를 빌릴 수 있습니다.	가능 여부를 묻거나 대답할 수 있고, 이유 · 목적 · 사정을 말할 수 있다. 1. 동사가능형 2. 보통체**ので** 3. 동사사전형 / 명사**のために** 4. 보통체**んです**
17課 **安かったら買います** 싸면 사겠습니다.	가정 · 조건을 나타내는 사항에 대해 묻거나 대답할 수 있다. 1. ~**たら** 2. ~**ても** 3. ~**と** 4. ~**ば** 5. ~**のに** 6. ~**なら**
18課 **おいしそうなケーキです** 맛있어 보이는 케이크입니다.	사물 · 현상의 모양이나 상태를 나타낼 수 있고, 자신의 추측이나 다른 사람에게 전해 들은 것에 대해 말할 수 있다. 1. ~**そうです** 2. ~**ようです** 3. 보통체**そうです**

9課

私の趣味は旅行することです

例文

1

- 父の趣味はお菓子を作ることです。
- 私は車の運転ができます。
- 私はピアノを弾くことができます。
- 帰りに銀行に寄るつもりです。

文型(ぶんけい)・表現(ひょうげん)

01 동사사전형 こと

私(わたし)の趣味(しゅみ)は旅行(りょこう)することです。

父(ちち)の趣味(しゅみ)はお菓子(かし)を作(つく)ることです。

将来(しょうらい)の夢(ゆめ)は弁護士(べんごし)になることです。

私は歌(うた)を歌(うた)うことがいちばん好(す)きです。

동사사전형

	ます형	사전형
Ⅰ	買(か)います	買う
	待(ま)ちます	待つ
	帰(かえ)ります	帰る
	飲(の)みます	飲む
	遊(あそ)びます	遊ぶ
	死(し)にます	死ぬ
	話(はな)します	話す
	書(か)きます	書く
	泳(およ)ぎます	泳ぐ

	ます형	사전형
Ⅱ	食(た)べます	食べる
	寝(ね)ます	寝る
	見(み)ます	見る
	起(お)きます	起きる
Ⅲ	します	する
	来(き)ます	来る

02 명사がてきます

私は車の運転ができます。

佐藤さんは野球ができますか。

姉は中国語ができます。

03 동사사전형 ことができます

私はピアノを弾くことができます。

佐藤さんは泳ぐことができますか。

図書館でＤＶＤを見ることができます。

美術館で写真を撮ることができません。

04 동사사전형 つもりです

学校の帰りに銀行に寄るつもりです。

週末映画を見に行くつもりです。

9時に出発するつもりです。

練習

1 예와 같이 적절한 형태로 고치시오.

例 弾きます → 私の趣味はピアノを弾くことです。

① 写真を撮ります → 彼の趣味は ＿＿＿＿＿＿＿＿ ことです。

② 歌手になります → 妹の夢は ＿＿＿＿＿＿＿＿ ことです。

③ 就職します → 今年の目標は ＿＿＿＿＿＿＿＿ ことです。

④ 音楽を聞きます → 父は ＿＿＿＿＿＿＿＿ ことが好きです。

⑤ 話します → ＿＿＿＿＿＿＿＿ ことは楽しいです。

2 예와 같이 적절한 형태로 고치시오.

例 話します → 佐藤さんは英語を 話すことができます。

① 泳ぎます → 彼は200メートル ＿＿＿＿＿＿＿＿＿＿＿＿＿＿＿＿ 。

② 使います → 事務室でコピー機を ＿＿＿＿＿＿＿＿＿＿＿＿＿＿＿＿ 。

③ します → ここでサッカーが ＿＿＿＿＿＿＿＿＿＿＿＿＿＿＿＿ 。

④ 勉強しません → 時間がありませんから ＿＿＿＿＿＿＿＿＿＿＿＿＿＿ 。

⑤ 吸いません → 教室でたばこを ＿＿＿＿＿＿＿＿＿＿＿＿＿＿＿＿ 。

⑥ します → 父(ちち)は日本語(にほんご)が ______________________________。

⑦ 読(よ)みません → 私は漢字(かんじ)を ______________________________。

3 예와 같이 문장을 만드시오.

例 映画(えいが)を見(み)に行(い)きます

→ 明日(あした)はひまですから 映画を見に行くつもりです。

① アルバイトをします

→ お金(かね)がありませんから ______________________________。

② 引(ひ)っ越(こ)しします

→ 家賃(やちん)が高(たか)いですから ______________________________。

③ ケーキを作(つく)ります

→ 友(とも)だちの誕生日(たんじょうび)に ______________________________。

④ 旅行(りょこう)します

→ 今度(こんど)の連休(れんきゅう)は ______________________________。

⑤ 車(くるま)を買(か)います

→ 会社(かいしゃ)が遠(とお)いですから ______________________________。

2

新出単語(しんしゅつたんご)

- □ 寄(よ)る
- □ 歌(うた)う
- □ 弾(ひ)く
- □ 泳(およ)ぐ
- □ 出発(しゅっぱつ)する
- □ 就職(しゅうしょく)する
- □ 吸(す)う
- □ 引(ひ)っ越(こ)しする
- □ 遠(とお)い
- □ 帰(かえ)り
- □ 趣味(しゅみ)
- □ 夢(ゆめ)
- □ 目標(もくひょう)
- □ 弁護士(べんごし)
- □ 運転(うんてん)
- □ 野球(やきゅう)
- □ DVD
- □ 美術館(びじゅつかん)
- □ 週末(しゅうまつ)
- □ メートル
- □ 事務室(じむしつ)
- □ たばこ
- □ 漢字(かんじ)
- □ 家賃(やちん)
- □ 連休(れんきゅう)

活動

1 그림을 보고 예와 같이 짝과 대화해 봅시다.

例

A 趣味は何ですか。

B 私の趣味は絵を描くことです。

①

②

③

④

⑤

⑥

- 絵を描く

2 예와 같이 짝과 대화해 봅시다.

例

英語(えいご)を話(はな)します

A 英語を話すことができますか。

B はい，できます。/ いいえ，できません。

① 1000メートル泳(およ)ぎます

② ピアノを弾(ひ)きます

③ 野球(やきゅう)をします

④ 運転(うんてん)します

⑤ お酒(さけ)を飲(の)みます

⑥ 日本(にほん)の歌(うた)を歌(うた)います

3 그림을 보고 예와 같이 짝과 대화해 봅시다.

例

A 明日(あした)，何(なに)か予定(よてい)がありますか。

B ええ，図書館(としょかん)に行くつもりです。

①

A 土曜日(どようび)，＿＿＿＿＿＿＿＿

B ＿＿＿＿＿＿＿＿

② 

A 今日(きょう)の午後(ごご), ______________________________

B ______________________________

③ 

A 週末(しゅうまつ), ______________________________

B ______________________________

④ 

A 冬休(ふゆやす)み, ______________________________

B ______________________________

⑤ 

A 夏休(なつやす)み, ______________________________

B ______________________________

- 予定(よてい)

4 ________에 적절한 말을 넣어 [주말 계획]과 [겨울방학의 계획]에 대해 짝과 대화해 봅시다.

① 週末の計画（しゅうまつのけいかく）

A ____________ さん，週末に何（なに）をしますか。

B ______________________________________ つもりです。

____________ さんは？

A 私（わたし）は ________________________________ つもりです。

② 冬休みの計画（ふゆやすみのけいかく）

A ____________ さん，冬休みに何（なに）をしますか。

B ______________________________________ つもりです。

____________ さんは？

A 私（わたし）は ________________________________ つもりです。

• 計画（けいかく）

会話

3

翔太　ユジンさん, 連休に何か予定がありますか。

ユジン　ええ, サークルの友だちと箱根に遊びに行くつもりです。翔太くんは？

翔太　僕はひまですから, お菓子を作るつもりです。

ユジン　えっ, お菓子？

翔太　ええ, 僕の趣味はお菓子を作ることですよ。

ユジン　へえ, 意外ですね。どんなお菓子を作ることができますか。

翔太　そうですね, ケーキやクッキーなどいろいろなものを作ることができますよ。

ユジン　すごいですね。私も習いたいです。

翔太　じゃ，今度いっしょにケーキを作りませんか。

ユジン　本当ですか。うれしいです。

- サークル
- 箱根
- 意外な
- クッキー
- いろいろだ
- すごい
- 習う
- 本当
- うれしい

10課

子(こ)どもが遊(あそ)んでいます

例文

4

- 先生が話しています。
- この言葉の意味を教えてください。
- 朝起きて，歯をみがきます。
- 部屋をきれいに掃除しました。

文型・表現

01 동사て형います①

子どもが遊んでいます。

先生が話しています。

学生は寝ています。

동사て형

	사전형	て형
Ⅰ	買う	買って
	待つ	待って
	帰る	帰って
	飲む	飲んで
	遊ぶ	遊んで
	死ぬ	死んで
	話す	話して
	書く	書いて
	*行く	行って
	泳ぐ	泳いで

	사전형	て형
Ⅱ	食べる	食べて
	寝る	寝て
	見る	見て
	起きる	起きて
Ⅲ	する	して
	来る	来て

02 동사て형ください

私の研究室に来てください。

この言葉の意味を教えてください。

食券はあそこで買ってください。

立ってください。

すみません, この漢字はどう書きますか。

こう書いてください。

こ·そ·あ·ど ③

こう	そう	ああ	どう

03 동사て형, ～

朝起きて, 歯をみがきます。

地下鉄を降りて, バスに乗ります。

昨日デパートに行って, 何を買いましたか。

04 형용사의 부사용법

兄(あに)はいつも朝(あさ)はやく起(お)きます。

ここに名前(なまえ)を大(おお)きく書(か)いてください。

部屋(へや)をきれいに掃除(そうじ)しました。

メモ

練習(れんしゅう)

1 예와 같이「～ています」형태로 바꾸시오.

例 食(た)べる → 食べています

① 勉強(べんきょう)する ________________
② 寝(ね)る ________________
③ 歩(ある)く ________________
④ 泳(およ)ぐ ________________
⑤ 話(はな)す ________________
⑥ 見(み)る ________________
⑦ 行(い)く ________________
⑧ 乗(の)る ________________
⑨ 飲(の)む ________________
⑩ 言(い)う ________________

2 예와 같이「～てください」형태로 바꾸시오.

例 食(た)べる → 食べてください

① 教(おし)える ________________
② 聞(き)く ________________
③ 買(か)う ________________
④ 立(た)つ ________________
⑤ 話(はな)す ________________
⑥ 起(お)きる ________________
⑦ 来(く)る ________________
⑧ 作(つく)る ________________
⑨ 読(よ)む ________________
⑩ 遊(あそ)ぶ ________________

3 예와 같이「～て, ～ます」형태로 바꾸시오.

例 切符を買う　電車に乗る → 切符を買って，電車に乗ります

① 電気を消す　寝る → ______

② 家に帰る　テレビを見る → ______

③ 手紙を書く　出す → ______

④ ごはんを食べる　歯をみがく → ______

⑤ 学校に行く　勉強する → ______

4 예와 같이「～く」, 또는「～に」형태로 바꾸시오.

例 朝はやい起きます → はやく

① このセーターはセールで安い買いました。 → ______

② 友だちと遊んで遅い家に帰りました。 → ______

③ 日本の文化について友だちが上手な発表しました。 → ______

④ 山田先生はいつもやさしい話します。 → ______

⑤ あの店の店員はいつもていねいな対応します。 → ______

5 문장 내용에 맞게 적당한 형태를 a~c 중에 고르시오.

① これから説明(せつめい)しますから

[a. よくきってください　b. よくきてください　c. よくきいてください]。

② 学校(がっこう)に行(い)って, [a. 友(とも)だちへあいます　b. 友(とも)だちをあいます　c. 友(とも)だちとあいます]。

③ これから買(か)い物(もの)に行きます。必要(ひつよう)なものを

[a. いいてください　b. いってください　c. いきてください]。

④ にんじんを [a. ちいさい　b. ちいさな　c. ちいさく] 切(き)ります。

⑤ 田中(たなか)さんはジュースを [a. のっています　b. のみています　c. のんでいます]。

⑥ [a. しんせつな　b. しんせつに　c. しんせつの] はなします。

メモ

5

新出単語(しんしゅつたんご)

- □ 教(おし)える
- □ みがく
- □ 掃除(そうじ)する
- □ 立(た)つ
- □ 降(お)りる
- □ 言(い)う
- □ 消(け)す
- □ (手紙(てがみ)を)出(だ)す
- □ 発表(はっぴょう)する
- □ 対応(たいおう)する
- □ 説明(せつめい)する
- □ 切(き)る
- □ はやい
- □ 遅(おそ)い
- □ ていねいだ
- □ 必要(ひつよう)だ
- □ 歯(は)
- □ 研究室(けんきゅうしつ)
- □ 言葉(ことば)
- □ 意味(いみ)
- □ 食券(しょっけん)
- □ 切符(きっぷ)
- □ 電気(でんき)
- □ セーター
- □ 文化(ぶんか)
- □ にんじん
- □ これから
- □ ～について

活動

1 パクさんと キムさんが 휴대전화로 통화하고 있습니다. 각자 주변에 있는 친구들이 지금 무엇을 하고 있는지, 그림을 보고 예와 같이 짝과 대화해 봅시다.

例
パク　鈴木さんは何をしていますか。
キム　鈴木さんは手紙を書いています。

2 다음과 같은 경우에 선생님은 어떻게 말할까요? 예와 같이 짝과 대화해 봅시다.

例

곧 시험이 있을 때

A いっしょうけんめい勉強(べんきょう)してください。

B はい，わかりました。

① 학생들이 시끄러울 때

A ______

B ______

② 학생들이 숙제를 내지 않을 때

A ______

B ______

③ 학생들이 지각했을 때

A ______

B ______

④ 학생의 몸 상태가 좋지 않은 것 같을 때

A ______

B ______

⑤ 학생의 글씨가 엉망이어서 알아보기 힘들 때

A ______

B ______

3 그림을 보고 예와 같이 짝과 대화해 봅시다.

例

 → 

A 起(お)きて何をしますか。

B 起きて, 歯(は)をみがきます。

① 

→ 

②  → 

③  → 

④

→

⑤

→

メモ

• いっしょうけんめいだ
• (シャワーを)あびる

会話(かいわ)

6

佐藤先生(さとうせんせい) もしもし，キムユジンさん。

キム あ，佐藤先生(さとうせんせい)。こんにちは。

佐藤先生 こんにちは。電話(でんわ)，今(いま)だいじょうぶですか。

キム はい，だいじょうぶです。

佐藤先生 キムさん，レポートは出(だ)しましたか。

キム すみません，まだです。今(いま)いっしょうけんめい書(か)いています。
今日中(きょうじゅう)に書(か)いて必(かなら)ず出(だ)しますから，もう少(すこ)し待(ま)ってください。

佐藤先生　わかりました。

あ，レポートは私の研究室に直接持ってきてください。

夕方まで待っています。

キム　はい，ありがとうございます。

はやく書いて，夕方までに必ず出します。

- もしもし
- レポート
- まだ
- 今日中
- 必ず
- 直接
- 持ってくる
- 夕方

11課

トイレに行[い]ってもいいですか

例文

7

- 私は東京に住んでいます。
- ここに車をとめてもいいですか。
- 教室でけいたいを使ってはいけません。

文型（ぶんけい）・表現（ひょうげん）

01 동사て형います②

イさんはスカートをはいています。

私（わたし）は東京（とうきょう）に住（す）んでいます。

田中（たなか）さんを知（し）っていますか。

02 동사て형もいいですか

ここに車（くるま）をとめてもいいですか。

先生（せんせい）, トイレに行（い）ってもいいですか。

03 동사て형はいけません

教室（きょうしつ）でけいたいを使（つか）ってはいけません。

ここでたばこを吸（す）ってはいけません。

04 동사て형みます

店(みせ)で服(ふく)を着(き)てみます。

料理(りょうり)を作(つく)りました。食(た)べてみてください。

メモ

練習

1 예와 같이 「~ています」 형태로 바꾸시오.

例 知る → 知っています

① 高い服を着る ________

② ジーンズをはく ________

③ 東京に住む ________

④ 指輪をする ________

⑤ コンビニで働く ________

⑥ めがねをかける ________

⑦ ネックレスをする ________

⑧ 結婚する ________

⑨ ぼうしをかぶる ________

⑩ 車を持つ ________

2 예와 같이 「~てもいいですか」 형태로 바꾸시오.

例 食べる → 食べてもいいですか

① 家に帰る → ________

② 本を借りる → ________

③ たばこを吸う → ________

④ 明日, 休む → ________

⑤ お酒を飲む → ________

⑥ コンピューターを使う（つか） →

⑦ 自転車（じてんしゃ）に乗る（の） →

⑧ 車（くるま）を運転（うんてん）する →

⑨ 電話（でんわ）をかける →

⑩ 明日（あした），10時（じ）に来る（く） →

3 예와 같이「～てはいけません」형태로 바꾸시오.

例 食べる（た） → 食べてはいけません

① その薬（くすり）を飲む（の） →

② 韓国語（かんこくご）で話す（はな） →

③ ここに車（くるま）をとめる →

④ ここで遊ぶ（あそ） →

⑤ ひとりで旅行（りょこう）する →

⑥ 人（ひと）の悪口（わるぐち）を言う（い） →

⑦ お酒（さけ）を飲む（の） →

⑧ ここで泳ぐ（およ） →

⑨ ろうかを走る（はし） →

⑩ 宿題（しゅくだい）を忘れる（わす） →

4 문장 내용에 맞게 적당한 형태를 a~c 중에 고르시오.

① 東京(とうきょう)に [a. しんでいます　b. すんでいます　c. しています]。

② たばこを

[a. すってもいいですか　b. すんでもいいですか　c. すいてもいいですか]。

③ めがねを [a. かいています　b. かきています　c. かけています]。

④ ここで自転車(じてんしゃ)に

[a. のってはいけません　b. のんではいけません　c. のいてはいけません]。

8

新出単語(しんしゅつたんご) ●

□ 住(す)む

□ はく

□ 知(し)る

□ とめる

□ 着(き)る

□ (めがねを)かける

□ かぶる

□ 結婚(けっこん)する

□ 持(も)つ

□ 借(か)りる

□ 走(はし)る

□ 忘(わす)れる

□ 東京(とうきょう)

□ スカート

□ ジーンズ

□ 指輪(ゆびわ)

□ ネックレス

□ 自転車(じてんしゃ)

□ 薬(くすり)

□ 悪口(わるぐち)

□ ろうか

□ 宿題(しゅくだい)

活動(かつどう)

1 山田さん과 佐藤さん에 대하여 예와 같이 비교하여 말해 봅시다.

例
山田(やまだ)さんはぼうしをかぶっています。
佐藤(さとう)さんはぼうしをかぶっていません。

山田(やまだ)さん

- 東京(とうきょう) 거주
- レストラン에서 일하는 직장인
- 기혼

佐藤(さとう)さん

- 京都(きょうと) 거주
- 英会話学校(えいかいわがっこう)에 다니는 학생
- 미혼

- レストラン
- 京都(きょうと)
- 英会話学校(えいかいわがっこう)

2 다음과 같은 경우에는 어떻게 말할까요? 예와 같이 짝과 대화해 봅시다.

例1

[대학 사무실에서] コピーする（○）

→ A コピーしてもいいですか。

B ええ，どうぞ。

例2

[대학 사무실에서] コピーする（×）

→ A コピーしてもいいですか。

B それは，ちょっと……。

① [도서관에서] 本(ほん)を借(か)りる (○)

→ A ______

B ______

② [교실에서] ノートパソコンを使(つか)う (○)

→ A ______

B ______

③ [레스토랑에서] たばこを吸(す)う (×)

→ A ______

B ______

④ [공원에서] 食(た)べ物(もの)を食(た)べる (○)

→ A ____________________

B ____________________

⑤ [연예인에게] 写真(しゃしん)を撮(と)る (×)

→ A ____________________

B ____________________

3 당신은 일본 유치원에서 아르바이트를 하게 되었습니다. 예와 같이 유치원 아이들에게 유의사항을 말해 봅시다.

例 けんかをする

→ A けんかをしてはいけません。

B はい，わかりました。すみません。

① ろうかを走(はし)る

→ A ____________________

B ____________________

- コピーする
- 公園(こうえん)
- 芸能人(げいのうじん)

② 友(とも)だちをいじめる

→ A ______________________

B ______________________

③ 落書(らくが)きをする

→ A ______________________

B ______________________

④ 食(た)べ物(もの)を残(のこ)す

→ A ______________________

B ______________________

⑤ 服(ふく)を汚(よご)す

→ A ______________________

B ______________________

- けんか
- いじめる
- 落書(らくが)き
- 残(のこ)す
- 汚(よご)す

会話

9

翔太　来週，姉が東京に来ます。

ユジンさん，いっしょに食事しませんか。

ユジン　いいですね。お姉さんはどこに住んでいますか。

翔太　京都です。

ユジン　わあ，京都ですか。一度行ってみたいです。

ところで，お姉さんは働いていますか。

翔太　いいえ，まだ大学院で勉強しています。

でも，結婚しています。

去年，いとこと結婚しました。

ユジン　えっ，日本ではいとこと結婚してもいいですか。

翔太　　ええ，いいですよ。

ユジン　　そうですか。韓国(かんこく)では，いとこと結婚してはいけません。

翔太　　へえ，そうですか。

- 食事(しょくじ)
- 一度(いちど)
- 大学院(だいがくいん)
- いとこ

12課

プレゼントをもらいました

例文(れいぶん)

10

- 後輩(こうはい)に本(ほん)をあげました。
- 駅(えき)まで送(おく)ってくれました。
- ペンを貸(か)してもらいました。

文型・表現

01 あげます・くれます・もらいます

私は後輩に本をあげました。

先生はイさんに日本の化粧品をあげました。

母に高いかばんをあげたいです。

先輩は私に服をくれました。

鈴木さんは弟に卒業祝いをくれました。

そのパンフレットをくれませんか。

私は父に / からプレゼントをもらいました。

友だちは先生に / からメールをもらいました。

このチラシをもらってもいいですか。

02 동사て형あげます・くれます・もらいます

私は弟に数学を教えてあげました。

先生は学生に日本語の本を貸してあげました。

ワンさんは私に大切な切手を見せてくれました。

山田さんのお兄さんは私を駅まで送ってくれました。

鈴木さん，いっしょにパーティーに行ってくれませんか。

学校からノートパソコンを貸してもらいました。

妹はイさんに遊園地に連れていってもらいました。

すみませんが，キャンパスを案内してもらってもいいですか。

メモ

練習(れんしゅう)

1 예와 같이 적당한 것을 고르시오.

例 パクさんは鈴木(すずき)さんから花(はな)を
[a. あげました b. くれました (c.) もらいました]。

① このケーキ, パクさんに [a. あげます b. くれます c. もらいます]。どうぞ。

② 彼(かれ)は私(わたし)に指輪(ゆびわ)を [a. あげました b. くれました c. もらいました]。

③ 友(とも)だちの誕生日(たんじょうび)に何(なに)をして [a. あげますか b. くれますか c. もらいますか]。

④ 私は先輩(せんぱい)に夕食(ゆうしょく)をごちそうして
[a. あげましたか b. くれましたか c. もらいました]。

⑤ おもしろい日本(にほん)の小説(しょうせつ)を紹介(しょうかい)して
[a. あげませんか b. くれませんか c. もらいませんか]。

2 예와 같이 「~てあげます · くれます · もらいます」를 사용하여 문장을 완성하시오.

例 スミスさんは私に英語(えいご)を 教えてくれました。 (教(おし)えます)

① 私はワンさんから中国(ちゅうごく)の切手(きって)を ____________ 。(見(み)せます)

② 母(はは)は私にいつもおいしいものを ____________ 。(作(つく)ります)

③ キムさんは私にジュースを ＿＿＿＿＿＿＿＿＿＿＿＿＿ 。(買います)

④ 弟が東京に来ましたから，渋谷を ＿＿＿＿＿＿＿＿＿＿＿＿＿ 。(案内します)

⑤ 父はいつも私を学校まで ＿＿＿＿＿＿＿＿＿＿＿＿＿ 。(送ります)

3 다음 질문에 일본어로 답하시오.

① 友だちの誕生日に何をあげましたか。

→ ＿＿＿＿＿＿＿＿＿＿＿＿＿＿＿＿＿＿＿＿＿＿＿＿＿＿

② 去年の誕生日に何をもらいましたか。

→ ＿＿＿＿＿＿＿＿＿＿＿＿＿＿＿＿＿＿＿＿＿＿＿＿＿＿

③ 子供の日に家族は何をしてくれましたか。

→ ＿＿＿＿＿＿＿＿＿＿＿＿＿＿＿＿＿＿＿＿＿＿＿＿＿＿

④ 今まで，家族の記念日に何をしてあげましたか。

→ ＿＿＿＿＿＿＿＿＿＿＿＿＿＿＿＿＿＿＿＿＿＿＿＿＿＿

⑤ いつだれに何をしてもらいたいですか。

→ ＿＿＿＿＿＿＿＿＿＿＿＿＿＿＿＿＿＿＿＿＿＿＿＿＿＿

11

新出単語

- □ 送る
- □ 貸す
- □ 見せる
- □ 連れていく
- □ 案内する
- □ ごちそうする
- □ 紹介する
- □ 大切だ
- □ 先輩
- □ 後輩
- □ 化粧品
- □ 卒業祝い
- □ パンフレット
- □ チラシ
- □ 数学
- □ 切手
- □ 遊園地
- □ キャンパス
- □ 花
- □ 夕食
- □ 小説
- □ 渋谷
- □ 記念日

活動(かつどう)

1 그림을 보고 예와 같이 문장을 만들어 봅시다.

例

田中先生(たなかせんせい) → キム

本(ほん)を貸(か)します

→ 田中先生はキムさんに本(ほん)を貸(か)してあげました。

① 

山田(やまだ) → 私

日本人(にほんじん)の友(とも)だちを紹介(しょうかい)します

→ 山田さんは ______________________

② 

キム → 弟(おとうと)

絵本(えほん)を読(よ)みます

→ 弟は ______________________

③

先輩(せんぱい) → 私

大学(だいがく)を案内(あんない)します

→ 私は ＿＿＿＿＿＿＿＿＿＿＿＿＿＿＿＿

④

私 → イ

英語(えいご)を教(おし)えます

→ 私は ＿＿＿＿＿＿＿＿＿＿＿＿＿＿＿＿

⑤

友(とも)だち → 私

ピザをごちそうします

→ 友だちは ＿＿＿＿＿＿＿＿＿＿＿＿＿＿

- 絵本(えほん)
- ピザ

2 예와 같이 짝과 대화해 봅시다.

例
A かわいいノートですね。
B 友(とも)だちに もらいました。

① A そのネクタイ，いいですね。
B 娘(むすめ)が ______________________

② A すてきなくつですね。
B 母(はは)に ______________________

③ A だれがキムさんを紹介(しょうかい)しましたか。
B 田中(たなか)さんが ______________________

④ A キムさん，この花(はな)，______________________
B わあ，きれいですね。ありがとうございます。

⑤ A ピアノが上手(じょうず)ですね。
B 姉(あね)に ______________________

- ネクタイ
- 娘(むすめ)
- すてきだ

3 다음과 같은 경우에는 어떻게 말해야 할까요? 짝과 생각해 봅시다.

① 선배에게 일본어를 가르쳐 달라고 말하고 싶을 때

すみませんが, ＿＿＿＿＿＿＿＿＿＿＿＿＿ てくれませんか。

② 선배에게 아르바이트를 소개해 달라고 말하고 싶을 때

あのう, ＿＿＿＿＿＿＿＿＿＿＿＿＿ てくれませんか。

③ 선생님에게 책을 빌려 달라고 말하고 싶을 때

先生(せんせい), すみませんが, ＿＿＿＿＿＿＿＿＿＿＿＿＿ てもらってもいいですか。

④ 선생님에게 한국어로 말해 달라고 하고 싶을 때

先生(せんせい), すみませんが, ＿＿＿＿＿＿＿＿＿＿＿＿＿ てもらってもいいですか。

⑤ 도서관에서 조금 조용히 해 달라고 말하고 싶을 때

あのう, すみませんが, ＿＿＿＿＿＿＿＿＿＿＿＿＿ てもらってもいいですか。

会話

12

ユジン　翔太くん, あのう, 明日忙しいですか。

翔太　いいえ, ひまですよ。

ユジン　じゃ, いっしょに買い物に行ってくれませんか。

翔太　いいですけど……。

ユジン　実は, アルバイト先の店長の誕生日プレゼントを買いたいですが, 男性ですから, 何がいいかわかりません。
それで, 翔太くんに手伝ってもらいたいです。

翔太　いいですよ。

ユジン　いつもお世話になっていますから，ちょっといいものをあげたいです。この前も映画のチケットをもらいました。

翔太　そうですか。いっしょにいいものを選びましょう。

ユジン　ありがとうございます。じゃあ，明日11時に学校の前で待っています。あ，昼ごはんは私がごちそうします。

- 実は
- アルバイト先
- 店長
- 男性
- 手伝う
- (お)世話になる
- この前
- 選ぶ

13課

ここにごみを捨(す)てないでください

例文(れいぶん)

13

- 授業(じゅぎょう)に遅刻(ちこく)しないでください。
- 漢字(かんじ)を覚(おぼ)えなければなりません。
- 明日(あした)ははやく起(お)きなくてもいいです。

文型・表現

01 동사ない형でください

授業に遅刻しないでください。

ここにごみを捨てないでください。

寒いですから, 窓を開けないでください。

동사ない형

	사전형	ない형
Ⅰ	買う	買わない
	待つ	待たない
	帰る	帰らない
	遊ぶ	遊ばない
Ⅱ	食べる	食べない
	見る	見ない
Ⅲ	する	しない
	来る	来ない

02 동사ない형ければなりません

漢字(かんじ)を覚(おぼ)えなければなりません。

あさってまでに図書館(としょかん)に本(ほん)を返(かえ)さなければなりません。

A：明日(あした)いっしょに映画(えいが)を見(み)に行(い)きませんか。

B：すみません。来週(らいしゅう)試験(しけん)ですから，勉強(べんきょう)しなければなりません。

03 동사ない형くてもいいです

明日(あした)ははやく起(お)きなくてもいいです。

もうなおりましたから，薬(くすり)を飲(の)まなくてもいいです。

A：ここではくつを脱(ぬ)がなければなりませんか。

B：いいえ，脱(ぬ)がなくてもいいです。

練習（れんしゅう）

1 예와 같이 「ない형」으로 바꾸시오.

例　買（か）う → 買わない

① 入（はい）る → ____________

② 吸（す）う → ____________

③ 寝（ね）る → ____________

④ 着（き）る → ____________

⑤ とめる → ____________

⑥ 話（はな）す → ____________

⑦ 言（い）う → ____________

⑧ 運動（うんどう）する → ____________

⑨ 飲（の）む → ____________

⑩ 行（い）く → ____________

2 예와 같이 「～ないでください」 혹은 「～なければなりません」을 사용하여 적절한 문장을 만드시오.

例 ここにごみを捨(す)てる → 捨てないでください

① 建物(たてもの)の中でたばこを吸(す)う → ______________________

② 明日(あした)9時(じ)までに学校(がっこう)に行(い)く → ______________________

③ そこは危(あぶ)ないですから, 入(はい)る → ______________________

④ 人の悪口(わるぐち)を言(い)う → ______________________

⑤ 宿題(しゅくだい)ですから, この本(ほん)を読(よ)む → ______________________

3 문장 내용에 맞게 적당한 형태를 a～c 중에 고르시오.

① 授業中(じゅぎょうちゅう)に

[a. 寝(ね)ないでください　b. 寝なければなりません　c. 寝なくてもいいです]。

② ここは無料(むりょう)ですから, お金(かね)を

[a. 払(はら)わないでください　b. 払わなければなりません　c. 払わなくてもいいです]。

③ 明日遠足(あしたえんそく)ですから, 息子(むすこ)の弁当(べんとう)を

[a. 作(つく)らないでください　b. 作らなければなりません　c. 作ってもいいです]。

④ 美術館(びじゅつかん)で写真(しゃしん)を

[a. 撮(と)らないでください　b. 撮らなければなりません　c. 撮らなくてもいいです]。

⑤ 今日(きょう)は暖(あたた)かいですから，コートを

[a. 着(き)ないでください　b. 着なければなりません　c. 着なくてもいいです]。

14

新出単語(しんしゅつたんご)

- □ 遅刻(ちこく)する
- □ 覚(おぼ)える
- □ 捨(す)てる
- □ 開(あ)ける
- □ 返(かえ)す
- □ なおる
- □ 脱(ぬ)ぐ
- □ 運動(うんどう)する
- □ 払(はら)う
- □ 危(あぶ)ない
- □ 暖(あたた)かい
- □ ごみ
- □ 窓(まど)
- □ あさって
- □ 授業中(じゅぎょうちゅう)
- □ 無料(むりょう)
- □ (お)金(かね)
- □ 遠足(えんそく)
- □ 息子(むすこ)
- □ 弁当(べんとう)
- □ コート

活動(かつどう)

1 그림을 보고 예와 같이 짝과 대화해 봅시다.

例

A ここで写真(しゃしん)を撮(と)ってもいいですか。

B いいえ，撮らないでください。

①

A 家(いえ)の前(まえ)に ____________________

B ____________________

②

A テスト中(ちゅう)に ____________________

B ____________________

③

A ここで ____________________

B ____________________

- ～中(ちゅう)

④

A 電車の中で ______________________

B ______________________

⑤

A 道に ______________________

B ______________________

2 예와 같이 짝과 대화해 봅시다.

例

ここでは靴を脱ぐ

→ A ここでは靴を脱がなければなりませんか。

B いいえ, 脱がなくてもいいです。

① 今, 行く

→ A ______________________

B ______________________

② 明日, はやく起きる

→ A ______________________

B ______________________

③ 英語の単語を覚える

→ A ______________________________

B ______________________________

④ お金を払う

→ A ______________________________

B ______________________________

⑤ あさってまでに本を返す

→ A ______________________________

B ______________________________

3 「ないでください」「なければなりません」「なくてもいいです」를 사용하여, 예와 같이 짝과 대화해 봅시다.

例1 先生と小学生

小学生 先生, ピーマンを食べなくてもいいですか。

先生 だめです。食べなければなりません。

例2 警察と市民

警察 ここに車を止めないでください。

市民 わかりました。すみません。

① 先生と小学生

A ______

B ______

② 先生と大学生（だいがくせい）

A ______

B ______

③ 課長（かちょう）と部下（ぶか）

A ______

B ______

④ 先輩と後輩

A ______

B ______

⑤ 警察（けいさつ）と市民（しみん）

A ______

B ______

- 道（みち）
- 単語（たんご）
- 小学生（しょうがくせい）
- 警察（けいさつ）
- 市民（しみん）
- 課長（かちょう）
- 部下（ぶか）
- ピーマン
- だめだ

会話

15

ユジン　翔太くん，どうしましたか。何か悩みがありますか。

翔太　ええ。明日，韓国からユン先生が来ます。

それで，ユン先生と食事をしなければなりませんが，僕は韓国語の敬語がとても苦手です。

ユジン　だいじょうぶですよ。翔太くんは外国人ですから，敬語を使わなくてもいいですよ。

でも，友だち言葉は使わないでくださいね。

翔太　わかりました。

ユジン　それから，ユン先生より先に食べてはいけませんよ。

お酒は，前を見て飲まないでください。横を向いて飲んでください。それから……。

翔太	ユジンさん, ちょっと待(ま)ってください。
	まだありますか。
ユジン	ええ, まだありますよ。
翔太	はあ, 明日(あした)が心配(しんぱい)です。

- どうしましたか
- 苦手(にがて)だ
- 向(む)く
- 悩(なや)み
- 外国人(がいこくじん)
- それから
- 食事(しょくじ)
- 友(とも)だち言葉(ことば)
- 心配(しんぱい)だ
- 敬語(けいご)
- 先(さき)に

14課

料理(りょうり)をしたことがあります

例文

16

- 外国に行ったことがあります。
- たばこをやめたほうがいいです。
- 夜は勉強したり本を読んだりします。

文型(ぶんけい)・表現(ひょうげん)

01 동사た형ことがあります

私は外国(がいこく)に行(い)ったことがあります。

日本(にほん)のドラマを一度(いちど)も見(み)たことがありません。

A：料理(りょうり)をしたことがありますか。

B：はい, あります。

いいえ, ありません。

동사た형

	사전형	た형
I	買(か)う	買った
	待(ま)つ	待った
	帰(かえ)る	帰った
	飲(の)む	飲んだ
	遊(あそ)ぶ	遊んだ
	死(し)ぬ	死んだ
	話(はな)す	話した
	書(か)く	書いた
	＊行(い)く	行った
	泳(およ)ぐ	泳いだ

	사전형	た형
Ⅱ	食(た)べる	食べた
	寝(ね)る	寝た
	見(み)る	見た
Ⅲ	する	した
	来(く)る	来(き)た

02 동사た형ほうがいいです

体に悪いですから, たばこをやめたほうがいいです。

高いですから, 買わないほうがいいです。

A: 少し熱があります。

B: 今日ははやく帰ったほうがいいです。

おふろに入らないほうがいいです。

03 동사た형り동사た형りします

夜はいつも勉強したり本を読んだりします。

誕生日に友だちと映画を見たりカラオケに行ったりしました。

A: 休みの日に何をしますか。

B: たいてい掃除をしたり友だちに会ったりします。

練習(れんしゅう)

1 예와 같이 문장을 만드시오.

例1 アメリカ / 行(い)く (○) → アメリカに行ったことがあります。

例2 ケーキ / 作(つく)る (×) → ケーキを作ったことがありません。

① 納豆(なっとう) / 食(た)べる (○) → ____________________

② 温泉(おんせん) / 入(はい)る (×) → ____________________

③ 海(うみ) / 泳(およ)ぐ (○) → ____________________

④ お酒(さけ) / 飲(の)む (×) → ____________________

⑤ アルバイト / する (○) → ____________________

2 예와 같이 문장을 만드시오.

例1 熱(ねつ)があります / はやく寝(ね)ます

→ 熱がありますから，はやく寝たほうがいいです。

例2 熱があります / おふろに入(はい)りません

→ 熱がありますから，おふろに入らないほうがいいです。

① その映画(えいが)はこわいです / 見(み)ません

→ ____________________

② ここは不便(ふべん)です / 引(ひ)っ越(こ)しします

→ ____________________

③ 漢字(かんじ)は難(むずか)しいです / 書(か)いて覚(おぼ)えます

→ ____________________

④ ここは暗(くら)いです / ひとりで歩(ある)きません

→ ____________________

⑤ さびしいです / 犬(いぬ)を飼(か)います

→ ____________________

3 예와 같이 「～たり～たり」를 사용하여 문장을 만드시오.

例 山(やま)に行(い)く / 海(うみ)に行く

→ 山に行ったり海に行ったりします。

① 犬(いぬ)と遊(あそ)ぶ / 友(とも)だちに会(あ)う

→ ____________________

② 音楽(おんがく)を聞(き)く / テレビを見(み)る

→ ____________________

③ プールで泳ぐ / ジムで運動する

→ ＿＿＿＿＿＿＿＿＿＿＿＿＿＿＿＿＿＿＿＿

④ 掃除をする / お菓子を作る

→ ＿＿＿＿＿＿＿＿＿＿＿＿＿＿＿＿＿＿＿＿

⑤ 本を読む / ゲームをする

→ ＿＿＿＿＿＿＿＿＿＿＿＿＿＿＿＿＿＿＿＿

17

新出単語

- □ やめる
- □ 飼う
- □ 体に悪い
- □ こわい
- □ さびしい
- □ 外国
- □ ドラマ
- □ 熱
- □ カラオケ
- □ 納豆
- □ 温泉
- □ おふろ
- □ 山
- □ 海
- □ プール
- □ ジム
- □ ゲーム
- □ たいてい

活動(かつどう)

1 그림을 보고 예와 같이 짝과 대화해 봅시다.

例1 (○)　　例2 (×)

例1

A 中国(ちゅうごく)に行(い)ったことがありますか。

B はい, (行ったことが) あります。

例2

A 中国に行ったことがありますか。

B いいえ, (行ったことが) ありません。

① (×)

A ____________________

B ____________________

② (○)

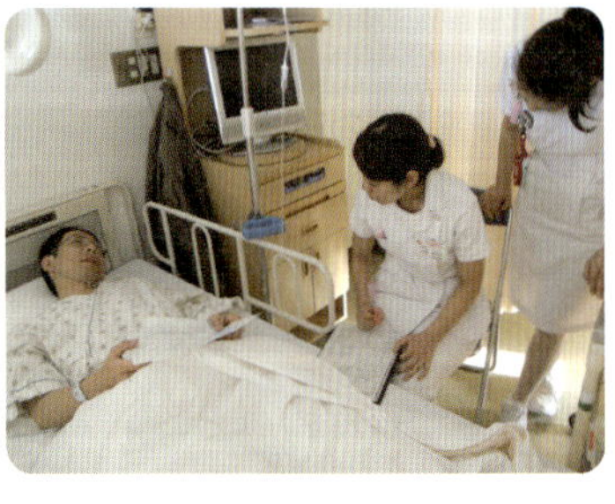

A ____________________

B ____________________

③ (×)

A ________________________________

B ________________________________

④ (×)

A ________________________________

B ________________________________

⑤ (○)

A ________________________________

B ________________________________

- 新幹線（しんかんせん）
- 入院（にゅういん）する
- なくす

2 예와 같이 조언을 해 봅시다.

例

한자를 외우는 것이 어려워요.

→ 書(か)いて覚(おぼ)えたほうがいいですよ。

① 요즘 살이 쪘어요.

→ ______________________

② 돈이 없어요.

→ ______________________

③ 성적이 떨어졌어요.

→ ______________________

④ 어제 친구랑 싸웠어요.

→ ______________________

⑤ 좋아하는 사람이 생겼어요.

→ ______________________

3 ________에 적절한 말을 넣어 짝과 대화해 봅시다.

A ________ さんは, ________ へ行ったことがありますか。

B いいえ, 一度もありません。とても行きたいです。

A ________ で, 何をしたいですか。

B ________ たり ________ たりしたいです。

________ さんは行ったことがありますか。

A はい, あります。

B ________ で何をしましたか。

A ________ たり ________ たりしました。

メモ

会話(かいわ)

18

翔太　ユジンさんは北海道(ほっかいどう)に行(い)ったことがありますか。

ユジン　いいえ, ありません。

一度(いちど)行ってみたいです。

翔太　じゃ, 今度(こんど)の冬休(ふゆやす)みにいっしょに行きませんか。

僕(ぼく)は冬休みに友だちと北海道(ほっかいどう)に旅行(りょこう)に行きます。

その時(とき)いっしょにどうですか。

ユジン　本当(ほんとう)ですか。うれしいです。

翔太　北海道で何(なに)かしたいことがありますか。

ユジン　はい, 温泉(おんせん)に入(はい)ったり, おいしいものを食(た)べたりしたいです。

翔太　雪祭りも見たほうがいいですね。

ユジン　そうですね。ぜひ見たいです。

雪祭りは韓国でも有名ですから。

ああ, 冬休みが楽しみです。

- 北海道
- 時
- 雪祭り
- 楽しみだ

15課

明日映画を見に行こうと思っています

（あしたえいが　み　い　おも）

例文

19

- あの人は鈴木さんだと思います。
- 昨日食べた料理はおいしかったです。
- 寝る前に, 本を読みます。
- 彼女にプロポーズしようと思っています。

文型・表現

01 보통체と思います

今年のクリスマスは雪が降ると思います。

日本語は難しくないと思います。

田中さんは韓国語が上手だと思います。

あの人はたぶん鈴木さんだと思います。

보통체

		긍정형	부정형
동사	현재	行く	行かない
	과거	行った	行かなかった
い형용사	현재	高い	高くない
	과거	高かった	高くなかった
な형용사	현재	好きだ	好きじゃ(では)ない
	과거	好きだった	好きじゃ(では)なかった
명사	현재	休みだ	休みじゃ(では)ない
	과거	休みだった	休みじゃ(では)なかった

02 명사 수식

昨日食べた料理はとてもおいしかったです。

使わない本を後輩にあげました。

はじめて彼に会った時, どきどきしました。

ひまな時, 何をしますか。

好きなスポーツはサッカーです。

休みの日に何をしますか。

03 동사사전형 / 명사の前に · 동사た형 / 명사の後(で)

寝る前に本を読みます。

食事の前に手を洗ってください。

勉強はテレビを見た後でするつもりです。

04 동사의지형と思っています

明日映画を見に行こうと思っています。

彼女にプロポーズしようと思っています。

昨日母とけんかしました。今日謝ろうと思っています。

동사의지형

	사전형	의지형
Ⅰ	買(か)う	買おう
	待(ま)つ	待とう
	帰(かえ)る	帰ろう
	遊(あそ)ぶ	遊ぼう
Ⅱ	食(た)べる	食べよう
	見(み)る	見よう
Ⅲ	する	しよう
	来(く)る	来(こ)よう

メモ

練習

1 예와 같이 ＿＿＿＿＿ 부분을 적절한 형태로 바꾸시오.

例 きれいです

→ この部屋はきれいだと思います。

① 高くありません

→ そのくつは ＿＿＿＿＿＿＿＿＿ と思います。

② 9時ごろ帰ります

→ 父は今日 ＿＿＿＿＿＿＿＿＿ と思います。

③ よくありませんでした

→ 10年前は景気が ＿＿＿＿＿＿＿＿＿ と思います。

④ 休みでした

→ 先週の月曜日は ＿＿＿＿＿＿＿＿＿ と思います。

⑤ ありません

→ 来月は試験が ＿＿＿＿＿＿＿＿＿ と思います。

⑥ 好きじゃありません

→ 山田さんは辛いものが ＿＿＿＿＿＿＿＿＿ と思います。

⑦ 銀行(ぎんこう)じゃありませんでした

→ ここは昔(むかし) ＿＿＿＿＿＿＿＿＿＿ と思います。

⑧ ひまです

→ 明日(あした)は ＿＿＿＿＿＿＿＿＿＿ と思います。

2 예와 같이 ＿＿＿＿＿ 부분을 바르게 고치시오.

例 これは先週(せんしゅう)読(よ)みました本です。

→ 読んだ本

① これは母(はは)に買(か)ってもらいましたくつです。

→ ＿＿＿＿＿＿＿＿＿＿＿＿＿＿＿＿＿＿＿＿

② 肉(にく)を食(た)べません人(ひと)はだれですか。

→ ＿＿＿＿＿＿＿＿＿＿＿＿＿＿＿＿＿＿＿＿

③ 明日(あした)登(のぼ)ります山(やま)はチリ山(さん)です。

→ ＿＿＿＿＿＿＿＿＿＿＿＿＿＿＿＿＿＿＿＿

④ 昨日(きのう)見ました映画(えいが)はおもしろくありませんでした。

→ ＿＿＿＿＿＿＿＿＿＿＿＿＿＿＿＿＿＿＿＿

⑤ 昨日(きのう)パーティーに来(き)ませんでした人(ひと)は高橋(たかはし)さんです。

→ ＿＿＿＿＿＿＿＿＿＿＿＿＿＿＿＿＿＿＿＿

⑥ 外国(がいこく)に行(い)きます時(とき)、パスポートが必要(ひつよう)です。

→ ______________________________

3 다음 표현을 사용하여, 시간적 관계를 고려하면서 예와 같이 문장을 만드시오.

[～前(まえ)に・後(あと)で・時(とき)]，[～と思(おも)っています]

例
試験(しけん)が終(お)わります ＋ 映画(えいが)を見(み)に行(い)きます

→ **試験が終わった後で**，映画を見に行こうと思(おも)っています。

① 練習(れんしゅう)します ＋ 少(すこ)し休(やす)みます

→ ______________________________

② 雨(あめ)が降(ふ)ります ＋ はやく帰(かえ)ります

→ ______________________________

③ 友だちが留学(りゅうがく)に行(い)きます ＋ パーティーをします

→ ______________________________

④ 給料(きゅうりょう)をもらいます ＋ 車(くるま)を買(か)います

→ ______________________________

⑤ 映画(えいが)を見(み)に行(い)きます ＋ 時間(じかん)を調(しら)べます

→ ______________________________

20

新出単語(しんしゅつたんご)

- □ プロポーズする
- □ 降(ふ)る
- □ 洗(あら)う
- □ どきどきする
- □ 謝(あやま)る
- □ 登(のぼ)る
- □ 練習(れんしゅう)する
- □ 辛(から)い
- □ 10年前(ねんまえ)
- □ 景気(けいき)
- □ 昔(むかし)
- □ 肉(にく)
- □ チリ山(さん)
- □ パスポート
- □ 給料(きゅうりょう)
- □ たぶん
- □ はじめて
- □ 終(お)わる
- □ 調(しら)べる

活動

1 그림을 보고 예와 같이 짝과 대화해 봅시다.

例1

晴れます

A 明日晴れると思いますか。

B ええ，たぶん晴れると思います。

例2

晴れます

A 明日晴れると思いますか。

B いいえ，たぶん雨が降ると思います。

①

こわいです

A この映画は ______________________

B ______________________

②

遅刻しました

A キムさんは昨日 ______________________

B ______________________

③

勝ちます

A　田中さんは明日の試合に ＿＿＿＿＿＿＿＿

B　＿＿＿＿＿＿＿＿＿＿＿＿＿＿＿＿＿＿＿＿

④

好きです

A　イさんはこの食べものが ＿＿＿＿＿＿＿＿

B　＿＿＿＿＿＿＿＿＿＿＿＿＿＿＿＿＿＿＿＿

⑤

石川先生

高橋先生です

A　あの人は ＿＿＿＿＿＿＿＿＿＿＿＿＿＿＿

B　＿＿＿＿＿＿＿＿＿＿＿＿＿＿＿＿＿＿＿＿

- 晴れる
- 試合
- 勝つ

2 무엇을 할 생각인지 예와 같이 짝과 대화해 봅시다.

例 내일은 아빠 생일이에요. 오늘 무엇을 할 생각이에요?

→ プレゼントを買いに行こうと思っています。

ケーキを作ろうと思っています。

① 다음 주는 크리스마스에요. 크리스마스에 무엇을 할 생각이에요?

→ ______________________________

____

② 오늘 몸무게를 재어 보니 5킬로 늘어 있었어요. 내일부터 무엇을 할 생각이에요?

→ ______________________________

____

③ 곧 방학이 시작돼요. 방학 때 무엇을 할 생각이에요?

→ ______________________________

____

④ 어제 친구랑 싸웠는데, 생각해보니 내 잘못이 컸어요. 오늘 무엇을 할 생각이에요?

→ ______________________________

____

⑤ 다음 주에 일본 전통문화에 대해 짝과 발표를 해야 해요. 오늘부터 무엇을 할 생각이에요?

→ ______________________________

____

3 ＿＿＿＿＿에 적절한 말을 넣어 짝과 대화해 봅시다.

① A ＿＿＿＿＿ さん，私たち来年卒業ですね。

卒業までに何をする予定ですか。

B そうですね，私は ＿＿＿＿＿＿＿＿＿＿ (よ)うと思っています。

＿＿＿＿＿ さんは？

A 私は ＿＿＿＿＿＿＿＿＿＿ (よ)うと思っています。

② A ＿＿＿＿＿ さん，来週期末試験がありますね。

試験の計画を立てましたか。

B ええ，まず，＿＿＿＿＿＿＿＿＿＿ (よ)うと思っています。

それから，＿＿＿＿＿＿＿＿＿＿ (よ)うと思っています。

A 私は ＿＿＿＿＿＿＿＿＿＿ (よ)うと思っています。

お互いがんばりましょう。

- 私たち(わたし)
- 期末(きまつ)
- (計画(けいかく)を) 立(た)てる
- お互い(たが)
- がんばる

会話

21

ユジン　もうすぐ大学祭ですね。翔太くんのサークルは何の屋台を出しますか。

翔太　僕たちはたこ焼きの屋台を出そうと思っています。

ユジン　わあ, 私, たこ焼き大好きです。
翔太くんは料理が上手ですから, たこ焼きもおいしいと思います。

翔太　ははは, ありがとうございます。
ユジンさんは, 留学生の屋台に参加しますか。

ユジン　はい, そこでトッポキを作って売ろうと思っています。

翔太　トッポキ? ユジンさん, 作ることができますか。

ユジン　ええ，できますよ。

翔太　それは楽(たの)しみですね。

ユジン　あまり辛(から)くないトッポキを作りますから，ぜひ買(か)いに来(き)てください。

翔太　もちろんです。なくなる前(まえ)に買いに行(い)きますね。

- 大学祭(だいがくさい)
- 屋台(やたい)
- (屋台(やたい)を)出(だ)す
- 僕(ぼく)たち
- たこ焼(や)き
- 参加(さんか)する
- トッポキ
- 売(う)る
- なくなる

16課

図書館でＤＶＤが借りられます

例文

22

- 私は少し漢字が読めます。
- 寝坊したので，遅刻しました。
- 面接のために，スーツを買おうと思っています。
- 熱があるんです。

文型・表現

01 동사가능형

私は少し漢字が**読めます**。

一人で着物が**着られますか**。

図書館でDVDが５枚まで**借りられます**。

この水は**飲めません**。

동사가능형

	사전형	가능형
Ⅰ	読む	読める
	走る	走れる
	弾く	弾ける
	泳ぐ	泳げる
	飛ぶ	飛べる

	사전형	가능형
Ⅱ	食べる	食べられる
	借りる	借りられる
	着る	着られる
Ⅲ	する	できる
	来る	来られる

02 보통체ので

寝坊したので, 遅刻しました。

おなかがすいたので, 何かください。

大学4年生なので, もうすぐ卒業です。

03 동사사전형 / 명사のために

留学するために, お金を貯めています。

面接のために, スーツを買おうと思っています。

04 보통형んです

A：どうして, あまり食べないんですか。

B：おなかがいっぱいなんです。

A：顔色が悪いですね。

B：熱があるんです。

「〜んです」의 연결[보통형んです]

		긍정형	부정형
동사문	현재	行くんです [行くんだ]	行かないんです [行かないんだ]
	과거	行ったんです [行ったんだ]	行かなかったんです [行かなかったんだ]
い형용사문	현재	高いんです [高いんだ]	高くないんです [高くないんだ]
	과거	高かったんです [高かったんだ]	高くなかったんです [高くなかったんだ]
な형용사문	현재	好きなんです [好きなんだ]	好きじゃ(では)ないんです [好きじゃ(では)ないんだ]
	과거	好きだったんです [好きだったんだ]	好きじゃ(では)なかったんです [好きじゃ(では)なかったんだ]
명사문	현재	休みなんです [休みなんだ]	休みじゃ(では)ないんです [休みじゃ(では)ないんだ]
	과거	休みだったんです [休みだったんだ]	休みじゃ(では)なかったんです [休みじゃ(では)なかったんだ]

練習(れんしゅう)

1 예와 같이 아래의 표를 완성하시오.

例 作(つく)る	作れる
① 払(はら)う	
② 歩(ある)く	
③ 泳(およ)ぐ	
④ 飲(の)む	

⑤ 起(お)きる	
⑥ 借(か)りる	
⑦ 見(み)る	
⑧ する	
⑨ 来(く)る	

2 예와 같이 바꾸시오.

例 私(わたし)はひらがなを読(よ)むことができます。

→ 私はひらがなが読めます。

① 彼(かれ)はピアノを弾(ひ)くことができます。

→ ________________

② 一人(ひとり)で着物(きもの)を着(き)ることができません。

→ ________________

③ クレジットカードで払(はら)うことができますか。

→ ________________

④ 図書館でＤＶＤを借りることができます。

→ ____________________

⑤ 魚ははやく泳ぐことができます。

→ ____________________

3 다음의 두 문장을 「ので」 또는 「ために」를 사용하여 하나의 문장으로 바꾸시오.

例1 留学します，英語を勉強します。

→ 留学するために，英語を勉強します。

例2 かぜをひきました，昨日行けませんでした。

→ かぜをひいたので，昨日行けませんでした。

① 日曜日，うちにいます。

→ ____________________

② 教科書を忘れました，友だちに借りました。

→ ____________________

③ 漢字を覚えます，何度も書きます。

→ ____________________

④ 時間がありませんでした，タクシーに乗りました。

→ ____________________

⑤ 将来(しょうらい), 家(いえ)を買(か)います。

→ ________________________________

⑥ お金(かね)を貯(た)めます, アルバイトをします。

→ ________________________________

4 예와 같이 바꾸시오.

例

A どうしたんですか。

B 具合(ぐあい)が悪(わる)いです。 → 具合が悪いんです。

① A どうしてお金(かね)を貯(た)めるんですか。

B 来年(らいねん), 留学(りゅうがく)したいです。 → ________________________________

② A ちょっと一緒(いっしょ)に来(き)てください。

B どこに行(い)きますか。 → ________________________________

③ A どうして昨日(きのう)学校(がっこう)を休(やす)んだんですか。

B かぜをひきました。 → ________________________________

④ A 大(おお)きい荷物(にもつ)ですね。

B 今(いま)から, 旅行(りょこう)に行(い)きます。 → ________________________________

⑤ A 山田(やまだ)さん, 今日(きょう)も休(やす)みですか。

B ええ。最近(さいきん), ひまです。 → ________________________________

23

新出単語(しんしゅつたんご)

- □ 貯(た)める
- □ 寝坊(ねぼう)する
- □ (かぜを)ひく
- □ (おなかが)すく
- □ (おなかが)いっぱいだ
- □ 具合(ぐあい)が悪(わる)い
- □ 面接(めんせつ)
- □ スーツ
- □ 顔色(かおいろ)
- □ 着物(きもの)
- □ クレジットカード
- □ 魚(さかな)
- □ 荷物(にもつ)
- □ 何度(なんど)も

活動

1 그림을 보고 예와 같이 짝과 대화해 봅시다.

例

A 辛いものを食べることができますか。

B はい，食べられます。

①

A

B

②

A

B

③

A

B

④ 

A ______________________________

B ______________________________

⑤ 

A ______________________________

B ______________________________

⑥ 

A ______________________________

B ______________________________

2 「ので」, 「ために」를 이용하여 예와 같이 짝과 대화해 봅시다.

例 英語(えいご)を勉強(べんきょう)する

→ A どうして英語を勉強しているんですか。

B テストがあるので, 勉強しているんです。

就職(しゅうしょく)のために, 勉強しているんです。

① お酒(さけ)を飲(の)む

→ A ________________

B ________________

② 毎朝(まいあさ), 走(はし)る

→ A ________________

B ________________

③ アルバイトをする

→ A ________________

B ________________

④ お金(かね)を貯(た)める

→ A ________________

B ________________

3 「～んです」를 이용하여 예와 같이 짝과 대화해 봅시다.

例

A これは去年(きょねん)の旅行(りょこう)の写真(しゃしん)です。

B どこに行(い)ったんですか。

A アメリカに行きました。

① A 今, アルバイトをしています。

② A 私(わたし), 結婚(けっこん)します。

③ A いつか外国(がいこく)に行きたいです。

• いつか

会話

24

翔太　ユジンさん，どうして韓国の服を着ているんですか。

ユジン　これからアルバイトなんです。

翔太　アルバイト？

ユジン　はい，子どもたちに韓国の文化を教える仕事をしているんです。

翔太　へぇ，きれいですね。ひとりで着ることができますか。

ユジン　ええ，着られますよ。

翔太　すごいですね。アルバイトは毎日しているんですか。

ユジン　いいえ，最近始めたのでまだ週に一回だけです。

翔太　そうですか。

ユジン　そこでは韓国を紹介するために，韓国の歌を歌ったり料理を作ったりしますから，翔太くんも一度遊びに来てください。

翔太　ありがとうございます。ぜひ行きたいです。

- 始める
- 週に
- 〜回
- だけ

17課

安(やす)かったら買(か)います

例文

25

- 晴れたら, 海に行きましょう。
- 病気でも, 休みません。
- この道をまっすぐ行くと公園です。
- 薬を飲めば, なおります。
- 薬を飲んだのに, なおりません。
- 旅行に行くなら, 春がいいです。

文型・表現

01 ～たら

明日もし晴れたら, 海に行きましょう。

安かったら, 買います。

6時になったら, 帰りましょう。

「～たら」의 활용

	긍정형	부정형
동사	飲んだら	飲まなかったら
い형용사	安かったら	安くなかったら
な형용사	静かだったら	静かじゃ(で)なかったら
명사	休みだったら	休みじゃ(で)なかったら

02 ～ても

歩いて行っても, 間に合います。

安くても, 買いません。

病気でも, 休みません。

「～ても」의 활용

	긍정형	부정형
동사	飲(の)んでも	飲まなくても
い형용사	安(やす)くても	安くなくても
な형용사	静(しず)かでも	静かじゃ(で)なくても
명사	休(やす)みでも	休みじゃ(で)なくても

03 ～と

春(はる)になると, 花(はな)が咲(さ)きます。

ボタンを押(お)すと, ジュースが出(で)ます。

この道(みち)をまっすぐ行(い)くと公園(こうえん)です。

04 ～ば

もし雨(あめ)が降(ふ)れば, 試合(しあい)は中止(ちゅうし)です。

薬(くすり)を飲(の)めば, なおります。

「～ば」의 활용

			긍정형	부정형
동사	Ⅰ		飲めば	飲まなければ
	Ⅱ		食べれば	食べなければ
	Ⅲ	する	すれば	しなければ
		来る	来れば	来なければ
い형용사			安ければ	安くなければ
な형용사			静かなら(ば)	静かじゃ(で)なければ
명사			休みなら(ば)	休みじゃ(で)なければ

05 ～のに

薬を飲んだのに, なおりません。

佐藤さんは具合が悪いのに, 学校に来ました。

「~のに」의 활용

				긍정형	부정형
동사	I		현재	飲むのに	飲まないのに
			과거	飲んだのに	飲まなかったのに
	Ⅱ		현재	食べるのに	食べないのに
			과거	食べたのに	食べなかったのに
	Ⅲ	する	현재	するのに	しないのに
			과거	したのに	しなかったのに
		来る	현재	来るのに	来ないのに
			과거	来たのに	来なかったのに
い형용사			현재	安いのに	安くないのに
			과거	安かったのに	安くなかったのに
な형용사			현재	静かなのに	静かじゃないのに
			과거	静かだったのに	静かじゃなかったのに
명사			현재	休みなのに	休みじゃないのに
			과거	休みだったのに	休みじゃなかったのに

06 ~なら

旅行に行くなら, 春がいいです。

化粧品なら, あの店が安いです。

練習（れんしゅう）

1 다음의 두 문장을 「たら」 또는 「ても」를 사용하여 하나의 문장으로 바꾸시오.

例

晴（は）れる，海（うみ）に行（い）きましょう。

→ 晴れたら，海に行きましょう。

雨（あめ）が降（ふ）る，試合（しあい）はあります。

→ 雨が降っても，試合はあります。

① 仕事（しごと）が終（お）わる，パソコンの電源（でんげん）を切（き）ってください。

→ ______________________________

② 覚（おぼ）える，すぐ忘（わす）れます。

→ ______________________________

③ 横浜（よこはま）に行（い）く，中華街（ちゅうかがい）に行（い）きたいです。

→ ______________________________

④ ボタンを押（お）す，電源が入（はい）りません。

→ ______________________________

⑤ 成績（せいせき）がいい，就職（しゅうしょく）は難（むずか）しいです。

→ ______________________________

2 다음의 두 문장을 「と」 또는 「なら」를 사용하여 하나의 문장으로 바꾸시오.

例 春になります，花が咲きます。

→ 春になると，花が咲きます。

① 氷が溶けます，水になります。

→ ______________________________

② デパートに行きます，地下鉄が便利です。

→ ______________________________

③ あの角を曲がります，左側に海が見えます。

→ ______________________________

④ やせたいです，運動が一番です。

→ ______________________________

⑤ すき焼きを食べます，あの店がおいしいです。

→ ______________________________

3 다음의 두 문장을 「ば」 또는 「のに」를 사용하여 하나의 문장으로 바꾸시오.

例 雨(あめ)が降(ふ)ります, 試合(しあい)は中止(ちゅうし)です。

→ 雨が降れば, 試合は中止です。

① 運動(うんどう)します, やせます。

→ ______________________________

② 病院(びょういん)に行(い)きました, かぜがなおりません。

→ ______________________________

③ 練習(れんしゅう)します, 上手(じょうず)になります。

→ ______________________________

④ 春(はる)です, 雪(ゆき)が溶(と)けません。

→ ______________________________

⑤ 走(はし)ります, 間(ま)に合(あ)います。

→ ______________________________

26

新出単語(しんしゅつたんご)

- □ 咲(さ)く
- □ 間(ま)に合(あ)う
- □ 押(お)す
- □ (電源(でんげん)を)切(き)る
- □ (電源(でんげん)が)入(はい)る
- □ 溶(と)ける
- □ 曲(ま)がる
- □ 見(み)える
- □ やせる
- □ 病気(びょうき)
- □ 春(はる)
- □ ボタン
- □ 中止(ちゅうし)
- □ 電源(でんげん)
- □ 横浜(よこはま)
- □ 中華街(ちゅうかがい)
- □ 成績(せいせき)
- □ 氷(こおり)
- □ 角(かど)
- □ すき焼(や)き
- □ ～側(がわ)
- □ まっすぐ
- □ もし

活動（かつどう）

1 그림을 보고 ①~⑤에 대하여, 예와 같이 짝과 대화해 봅시다.

例

A すみません，本屋（ほんや）はどこですか。

B 本屋ですか。その角（かど）を左（ひだり）に曲（ま）がると，右側（みぎがわ）にありますよ。

A わかりました。ありがとうございます。

• つきあたり

2 「～たら」 또는 「～ても」를 사용하여 예와 같이 짝과 대화해 봅시다.

例

もし，病気(びょうき)になったら……

→ A もし病気になったら，どうしますか。

B1 もし病気になったら，すぐ病院(びょういん)に行きます。

B2 私は病気になっても，病院に行きません。うちで寝(ね)ます。

① もし，寝坊(ねぼう)したら……

→ A ______

B ______

② もし，100万円(まんえん)あったら……

→ A ______

B ______

③ もし，お金(かね)がなかったら……

→ A ______

B ______

④ もし，恋人(こいびと)ができたら……

→ A ______

B ______

- (恋人(こいびと)が)できる

3 「～なら」를 사용하여 예와 같이 짝과 대화해 봅시다.

例
韓国(かんこく)で買(か)い物(もの)する

→ A 韓国で買い物したいです

B 買い物するなら, ミョンドンがいいですよ。

安(やす)くて, お店(みせ)も多(おお)いですから。

① 韓国料理(かんこくりょうり)を食(た)べる

→ A ______________________________

B ______________________________

② 旅行(りょこう)する

→ A ______________________________

B ______________________________

③ 韓国のお土産(みやげ)を買(か)う

→ A ______________________________

B ______________________________

④ ソウルを観光(かんこう)する

→ A ______________________________

B ______________________________

- (お)土産(みやげ)
- 観光(かんこう)

会話

27

ユジン　横浜に行ったら，おいしいものが食べたいです。

翔太　おいしいものを食べるなら，中華街がいいですよ。東アジア最大の中華街ですから。

ユジン　ああ，おいしかった。ここは日本なのに，中国みたいでおもしろいですね。

翔太　そうですね。あ，この道をまっすぐ行くと右側に山下公園がありますよ。

ユジン　わあ，海が見える。

翔太　あそこは横浜ランドマークタワーです。ここから船に乗れば，10分で行けますよ。

ユジン　ランドマークタワーには展望台がありますよね。行きたいです。

翔太　69階ですよ。高くても，大丈夫ですか。

ユジン　高いところ，大好きです。翔太くんは？

翔太　いや，僕は高いところはちょっと……。

- 東アジア
- 横浜ランドマークタワー
- 最大
- 船
- ～みたい
- 展望台
- 山下公園
- ～階

18課

おいしそうなケーキですね

例文(れいぶん)

28

- ボタンがとれそうです。
- 彼(かれ)は元気(げんき)なようです。
- 明日(あした)は雪(ゆき)だそうです。

文型・表現

01 ～そうです

佐藤さんは いつもさびしそうです。

おいしそうなケーキですね。

この映画はおもしろくなさそうです。

ボタンがとれそうです。

02 ～ようです

あの店, 人がいませんね。人気がないようです。

昨日電話で佐藤さんと話しましたが, 彼は元気なようです。

席にいませんから, 山田さんは今日休みのようですね。

03 보통체そうです

先生の息子さんはまだ大学を卒業していないそうです。

友だちの話では, この店はおいしいそうです。

天気予報によると, 明日は雪だそうです。

練習

1 예와 같이「~そうだ」를 사용한 문장으로 고치시오.

例 その時計は高いです。

→ その時計は高そうです。

① この料理はおいしいです。

→ ____________________

② 佐藤さんは忙しくありません。

→ ____________________

③ 木が倒れます。

→ ____________________

④ ロープが切れます。

→ ____________________

⑤ 雪が降ります。

→ ____________________

2 다음의 단어 중 ＿＿＿＿＿＿에 알맞은 것을 고르고, 필요하면 적절한 형태로 고쳐 넣으시오.

[太る　　ひまな　　いる　　難しい　　来る　　留守]

例 スカートがはけません。 太った ようです。

① 家に電話しても誰も出ません。＿＿＿＿＿＿＿＿ ようです。

② 事務室が暗いです。誰も ＿＿＿＿＿＿＿＿ ようです。

③ 人の声がします。誰か ＿＿＿＿＿＿＿＿ ようです。

④ 山田さんはいつも家にいます。＿＿＿＿＿＿＿＿ ようです。

⑤ 不況で，就職が ＿＿＿＿＿＿＿＿ ようです。

3 예와 같이「～そうだ」를 사용한 문장으로 바꾸고, 적절한 형태로 고쳐 넣으시오.

例 先生はアメリカに行きます。

→ 行くそうです。

① 加藤さんは来年卒業します。

→ ＿＿＿＿＿＿＿＿＿＿＿＿＿＿＿＿＿＿＿＿＿＿＿＿

② 山田さんはひとりで住んでいるので，さびしいです。

→ ＿＿＿＿＿＿＿＿＿＿＿＿＿＿＿＿＿＿＿＿＿＿＿＿

③ 天気予報によると，明日は雨です。

→ ＿＿＿＿＿＿＿＿＿＿＿＿＿＿＿＿＿＿＿＿＿＿＿＿

④ 鈴木(すずき)さんは会社(かいしゃ)の面接(めんせつ)に落(お)ちました。

→ ＿＿＿＿＿＿＿＿＿＿＿＿＿＿＿＿＿＿＿＿

⑤ 佐藤(さとう)さんは弁護士(べんごし)です。

→ ＿＿＿＿＿＿＿＿＿＿＿＿＿＿＿＿＿＿＿＿

29

新出単語(しんしゅつたんご)

- □ (ボタンが)とれる
- □ 落(お)ちる
- □ 倒(たお)れる
- □ 切(き)れる
- □ 太(ふと)る
- □ 声(こえ)がする
- □ コップ
- □ 人気(にんき)
- □ 席(せき)
- □ 天気予報(てんきよほう)
- □ 木(き)
- □ ロープ
- □ 留守(るす)
- □ 不況(ふきょう)
- □ ～によると

活動(かつどう)

1 그림을 보고 예와 같이 짝과 대화해 봅시다.

例

A 難(むずか)しそうですね。

B はい，難しいです。

①

A ＿＿＿＿＿＿＿＿＿＿

B ＿＿＿＿＿＿＿＿＿＿

②

A ＿＿＿＿＿＿＿＿＿＿

B ＿＿＿＿＿＿＿＿＿＿

③

A ＿＿＿＿＿＿＿＿＿＿

B ＿＿＿＿＿＿＿＿＿＿

④

A ______________________________

B ______________________________

⑤

A ______________________________

B ______________________________

2 그림을 보고 추측할 수 있는 것을「～ようだ」를 사용하여 짝과 대화해 봅시다.

例

A あの店(みせ)は人気(にんき)があるようですね。

B そうですね。おいしいようですね。

①

A ______________________________

B ______________________________

②

A ＿＿＿＿＿＿＿＿＿＿＿＿＿＿＿＿＿＿＿＿

B ＿＿＿＿＿＿＿＿＿＿＿＿＿＿＿＿＿＿＿＿

③

A ＿＿＿＿＿＿＿＿＿＿＿＿＿＿＿＿＿＿＿＿

B ＿＿＿＿＿＿＿＿＿＿＿＿＿＿＿＿＿＿＿＿

④

A ＿＿＿＿＿＿＿＿＿＿＿＿＿＿＿＿＿＿＿＿

B ＿＿＿＿＿＿＿＿＿＿＿＿＿＿＿＿＿＿＿＿

3 그림을 보고 예와 같이 짝과 대화해 봅시다.

例

パク　キムさんはお酒(さけ)を飲(の)みますか。

山田　はい, よく飲むそうです。

①

パク　昨日(きのう)のニュースを見(み)ましたか。

山田　はい, 昨日(きのう) ____________________

②

パク　お兄(にい)さんはいつ出発(しゅっぱつ)する予定(よてい)ですか。

山田　兄(あに)は ____________________

③

パク　鈴木先生(すずきせんせい)のテストは難(むずか)しいですか。

山田　はい, ____________________

④

佐藤

パク　佐藤さんは結婚していますか。

山田　いいえ，まだ ____________________

⑤

パク　鈴木さんの仕事は何ですか。

山田　______________________________

• ニュース　　• 火事

会話

30

翔太　あそこに人がたくさんいますね。何でしょう。

ユジン　「氷の上の芸術・スペシャルアイスショー」……。

フィギュアスケートですね。

翔太　人気があるようですね。

ユジン　本当ですね。日本も韓国も有名な選手がいますからね。

そういえば，この前のアイスショーもチケットがすぐに売り切れたそうですよ。

翔太くんはアイスショーを見たことがありますか。

翔太　いいえ，ありません。でも僕はどちらかというと，ショーより試合が見てみたいです。

ユジン　フィギュアは冬のスポーツですから，今，試合をやっていると思いますよ。

今度，見に行ってみましょうか。

翔太　そうですね。でも，スケートリンク，寒そうですね……。

- 芸術
- スペシャル
- アイスショー
- フィギュアスケート
- そういえば
- この前
- 売り切れる
- どちらかというと
- やる
- スケートリンク

저자 약력

송영빈(宋永彬)

나고야대학대학원 문학박사

이화여자대학교 인문과학대학 일본언어문화연계전공 교수

김지선(金志宣)

오차노미즈여자대학대학원 인문과학박사

이화여자대학교 인문과학대학 일본언어문화연계전공 교수

요시다 레이코(吉田玲子)

한국외국어대학교대학원 언어학박사

이화여자대학교 인문과학대학 일본언어문화연계전공 조교수

혼다 미호(本多美保)

규슈대학대학원 일본사회문화박사

이화여자대학교 인문과학대학 일본언어문화연계전공 조교수

츠츠이 아키히로(筒井昭博)

연세대학교대학원 박사과정 수료

이화여자대학교 인문과학대학 일본언어문화연계전공 조교수